Inhalt

Zu dieser Mappe

Flüssig kopfrechnen zu können, ist eine wichtige Voraussetzung für erfolgreichen Mathematikunterricht und muss regelmäßig geübt werden. Die vorliegenden Kopiervorlagen eignen sich besonders zum Stundeneinstieg. Die Ergebnisse der Kopfrechenaufgaben werden auf der Hundertertafel von den Kindern angekreuzt. Dabei ist das Material differenziert aufgebaut. Wer die ersten acht Aufgaben richtig gelöst hat, entdeckt auf seiner Hundertertafel bereits ein kleines Muster. Wer zusätzlich die zweiten acht Aufgaben löst, sieht ein größeres Muster, und wer alle 24 Aufgaben löst, ein großes Muster. Man kann das Material auf verschiedene Art verwenden: Es ist möglich, die 24 Aufgaben mit Overheadprojektor oder Dokumentenkamera zu projizieren. Die Kinder erhalten ein Hunderterfeld als Kopie oder laminiert und kreuzen die Ergebnisse an. Am Ende wird mit dem Lösungsmuster verglichen. Statt der Projektion kann der Aufgabenblock natürlich auch als Kopie ausgeteilt werden. Man kann die 24 Aufgaben auch zusammen mit einem leeren Hunderterfeld als Arbeitsblatt kopieren. Dieses kann dann auch als Differenzierung eingesetzt werden.

Das Hunderterfeld

1	2	3	4	**5**	6	7	8	9	**10**
11	12	13	14	1**5**	16	17	18	19	**20**
21	22	23	24	2**5**	26	27	28	29	**30**
31	32	33	34	3**5**	36	37	38	39	**40**
41	42	43	44	4**5**	46	47	48	49	**50**
51	52	53	54	5**5**	56	57	58	59	**60**
61	62	63	64	6**5**	66	67	68	69	**70**
71	72	73	74	7**5**	76	77	78	79	**80**
81	82	83	84	8**5**	86	87	88	89	**90**
91	92	93	94	9**5**	96	97	98	99	**100**

Einmaleins und Einsgeteiltdurcheins I

①

einfach	mittel	schwierig
60 : 4	70 : 5	342 : 6
76 – 17	17 · 4	68 – 32
17 · 5	124 : 2	132 : 3
80 : 5	29 · 3	140 : 4
21 · 4 + 2	135 : 5	260 : 4
98 : 2	37 · 2	141 : 3
210 : 5	99 : 3	22 · 3
208 : 4	78 : 2	270 : 5

②

einfach	mittel	schwierig
3 · 16	68 : 4	13 · 5 – 64
375 : 5	87 – 55	364 : 4
300 : 12	400 : 5 – 1	3 870 : 387
98 – 45	166 : 2	36 + 56
152 : 2	90 : 5	108 : 12
172 : 4	110 : 5	121 : 11
89 – 63	23 · 3	540 : 6
97 – 39	420 : 5	3 649 800 : 36 498

③

einfach	mittel	schwierig
5 · 7 + 2	123 – 34	132 – 112
4 · 16	92 : 4	(132 – 123) · 9
5 · 11	60 : 5	132 : 12
17 · 2	146 : 2	(132 + 52) : 2
6 · 8 – 2	7 · 4	132 – 123
22 · 3 + 1	57 : 3	(132 : 4) · 3
7 · 8	26 · 3	132 : 66
5 · 9	164 : 2	132 – 42

①

1	2	3	4	**5**	6	7	8	9	**10**
11	12	13	14	**15**	16	17	18	19	**20**
21	22	23	24	**25**	26	27	28	29	**30**
31	32	33	34	**35**	36	37	38	39	**40**
41	42	43	44	**45**	46	47	48	49	**50**
51	52	53	54	**55**	56	57	58	59	**60**
61	62	63	64	**65**	66	67	68	69	**70**
71	72	73	74	**75**	76	77	78	79	**80**
81	82	83	84	**85**	86	87	88	89	**90**
91	92	93	94	**95**	96	97	98	99	**100**

②

1	2	3	4	**5**	6	7	8	9	**10**
11	12	13	14	**15**	16	17	18	19	**20**
21	22	23	24	**25**	26	27	28	29	**30**
31	32	33	34	**35**	36	37	38	39	**40**
41	42	43	44	**45**	46	47	48	49	**50**
51	52	53	54	**55**	56	57	58	59	**60**
61	62	63	64	**65**	66	67	68	69	**70**
71	72	73	74	**75**	76	77	78	79	**80**
81	82	83	84	**85**	86	87	88	89	**90**
91	92	93	94	**95**	96	97	98	99	**100**

③

1	2	3	4	**5**	6	7	8	9	**10**
11	12	13	14	1**5**	16	17	18	19	**20**
21	22	23	24	2**5**	26	27	28	29	**30**
31	32	33	34	3**5**	36	37	38	39	**40**
41	42	43	44	4**5**	46	47	48	49	**50**
51	52	53	54	5**5**	56	57	58	59	**60**
61	62	63	64	6**5**	66	67	68	69	**70**
71	72	73	74	7**5**	76	77	78	79	**80**
81	82	83	84	8**5**	86	87	88	89	**90**
91	92	93	94	9**5**	96	97	98	99	**100**

Einmaleins und Einsgeteiltdurcheins II

①

einfach	mittel	schwierig
180 : 4	148 : 4	4 · 7
275 : 5	16 · 4	22 · 4
82 – 35	134 : 2	52 : 4
7 · 8	96 : 4	9 · 8
140 : 4	114 : 3	39 · 2
9 · 6	136 : 4	92 : 4
138 : 3	126 : 2	146 : 2
132 : 2	7 · 11	58 : 2

②

einfach	mittel	schwierig
17 · 2	9 · 6 + 3	114 : 3
74 : 2	104 : 4	189 : 3
9 · 6	6 · 11 – 1	11 · 7 – 1
5 · 7	132 : 3	125 : 5
11 · 6 + 1	174 : 3	9 · 6 – 1
6 · 8 – 1	108 : 3	8 · 6
256 : 4	129 : 3	12 · 4 : 2
264 : 4	225 : 3	154 : 2

③

einfach	mittel	schwierig
105 : 5	68 : 4	13 · 3
112 : 4	8 · 11 + 1	256 : 4
560 : 7	21 · 4	123 – 36
146 : 2	60 : 5	136 : 4
115 : 5	164 : 2	123 – 86
39 · 2	76 : 4	248 : 4
186 : 2	23 · 3	103 – 89
96 : 12	4 · 8	143 – 76

①

1	2	3	4	**5**	6	7	8	9	**10**
11	12	13	14	1**5**	16	17	18	19	**20**
21	22	23	24	2**5**	26	27	28	29	**30**
31	32	33	34	3**5**	36	37	38	39	**40**
41	42	43	44	4**5**	46	47	48	49	**50**
51	52	53	54	5**5**	56	57	58	59	**60**
61	62	63	64	6**5**	66	67	68	69	**70**
71	72	73	74	7**5**	76	77	78	79	**80**
81	82	83	84	8**5**	86	87	88	89	**90**
91	92	93	94	9**5**	96	97	98	99	**100**

②

1	2	3	4	**5**	6	7	8	9	**10**
11	12	13	14	1**5**	16	17	18	19	**20**
21	22	23	24	2**5**	26	27	28	29	**30**
31	32	33	34	3**5**	36	37	38	39	**40**
41	42	43	44	4**5**	46	47	48	49	**50**
51	52	53	54	5**5**	56	57	58	59	**60**
61	62	63	64	6**5**	66	67	68	69	**70**
71	72	73	74	7**5**	76	77	78	79	**80**
81	82	83	84	8**5**	86	87	88	89	**90**
91	92	93	94	9**5**	96	97	98	99	**100**

③

1	2	3	4	**5**	6	7	8	9	**10**
11	12	13	14	1**5**	16	17	18	19	**20**
21	22	23	24	2**5**	26	27	28	29	**30**
31	32	33	34	3**5**	36	37	38	39	**40**
41	42	43	44	4**5**	46	47	48	49	**50**
51	52	53	54	5**5**	56	57	58	59	**60**
61	62	63	64	6**5**	66	67	68	69	**70**
71	72	73	74	7**5**	76	77	78	79	**80**
81	82	83	84	8**5**	86	87	88	89	**90**
91	92	93	94	9**5**	96	97	98	99	**100**

Einmaleins und Einsgeteiltdurcheins III

①

einfach	mittel	schwierig
60 : 4	84 – 26	342 : 6
76 – 17	7 · 11 – 1	68 – 32
17 · 5	200 : 8	132 : 3
80 : 5	3 · 25	140 : 4
21 · 4 + 2	87 – 34	260 : 4
98 : 2	130 : 5	141 : 3
210 : 5	129 : 3	22 · 3
208 : 4	6 · 8	270 : 5

②

einfach	mittel	schwierig
3 · 16	68 : 4	13 · 5 – 64
375 : 5	87 – 55	364 : 4
300 : 12	400 : 5 – 1	3 870 : 387
98 – 45	166 : 2	36 + 56
152 : 2	90 : 5	108 : 12
172 : 4	110 : 5	121 : 11
89 – 63	23 · 3	540 : 6
97 – 39	420 : 5	3 649 800 : 36 498

③

einfach	mittel	schwierig
5 · 7 + 2	123 – 34	132 – 112
4 · 16	92 : 4	(132 – 123) · 9
5 · 11	60 : 5	132 : 12
17 · 2	146 : 2	(132 + 52) : 2
6 · 8 – 2	7 · 4	132 – 123
22 · 3 + 1	57 : 3	(132 : 4) · 3
7 · 8	26 · 3	132 : 66
5 · 9	164 : 2	132 – 42

①

1	2	3	4	**5**	6	7	8	9	**10**
11	12	13	14	1**5**	16	17	18	19	**20**
21	22	23	24	2**5**	26	27	28	29	**30**
31	32	33	34	3**5**	36	37	38	39	**40**
41	42	43	44	4**5**	46	47	48	49	**50**
51	52	53	54	5**5**	56	57	58	59	**60**
61	62	63	64	6**5**	66	67	68	69	**70**
71	72	73	74	7**5**	76	77	78	79	**80**
81	82	83	84	8**5**	86	87	88	89	**90**
91	92	93	94	9**5**	96	97	98	99	**100**

②

1	2	3	4	**5**	6	7	8	9	**10**
11	12	13	14	1**5**	16	17	18	19	**20**
21	22	23	24	2**5**	26	27	28	29	**30**
31	32	33	34	3**5**	36	37	38	39	**40**
41	42	43	44	4**5**	46	47	48	49	**50**
51	52	53	54	5**5**	56	57	58	59	**60**
61	62	63	64	6**5**	66	67	68	69	**70**
71	72	73	74	7**5**	76	77	78	79	**80**
81	82	83	84	8**5**	86	87	88	89	**90**
91	92	93	94	9**5**	96	97	98	99	**100**

③

1	2	3	4	**5**	6	7	8	9	**10**
11	12	13	14	1**5**	16	17	18	19	**20**
21	22	23	24	2**5**	26	27	28	29	**30**
31	32	33	34	3**5**	36	37	38	39	**40**
41	42	43	44	4**5**	46	47	48	49	**50**
51	52	53	54	5**5**	56	57	58	59	**60**
61	62	63	64	6**5**	66	67	68	69	**70**
71	72	73	74	7**5**	76	77	78	79	**80**
81	82	83	84	8**5**	86	87	88	89	**90**
91	92	93	94	9**5**	96	97	98	99	**100**

Einmaleins und Einsgeteiltdurcheins IV

①

einfach	mittel	schwierig
7 · 5	3 · 12 + 2	19 · 5
11 · 6	11 · 8 – 2	72 : 12
6 · 9	4 · 13	540 : 9
8 · 6 – 1	5 · 3	164 : 4
13 · 2	9 · 7	244 : 4
7 · 6 + 1	7 · 7	92 : 23
25 · 3	6 · 4	194 : 2
8 · 7 + 2	11 · 7	360 : 9

②

einfach	mittel	schwierig
17 · 3 + 2	25 · 3 + 10	248 : 4
8 · 6	20 · 3 – 1	99 : 33
4 · 9	6 · 7	7 · 7 · 2
5 · 13	63 : 9	13 · 3
4 · 11	560 : 8	174 : 2
7 · 8 + 1	64 : 4	213 : 3
75 : 3	124 : 4	270 : 9
19 · 4	188 : 2	112 : 8

③

einfach	mittel	schwierig
36 : 3	17 · 4	108 : 12
7 · 4	96 : 4	7 · 13 + 1
7 · 11 + 1	7 · 9	297 : 3
9 · 9 + 1	76 : 2	132 : 12
6 · 4 – 1	154 : 2	180 : 9
9 · 8 + 1	132 : 4	(54 : 6) · 9
38 : 2	148 : 2	758 : 379
8 · 11 + 1	108 : 4	450 : 5

①

1	2	3	4	**5**	6	7	8	9	**10**
11	12	13	14	1**5**	16	17	18	19	**20**
21	22	23	24	2**5**	26	27	28	29	**30**
31	32	33	34	3**5**	36	37	38	39	**40**
41	42	43	44	4**5**	46	47	48	49	**50**
51	52	53	54	5**5**	56	57	58	59	**60**
61	62	63	64	6**5**	66	67	68	69	**70**
71	72	73	74	7**5**	76	77	78	79	**80**
81	82	83	84	8**5**	86	87	88	89	**90**
91	92	93	94	9**5**	96	97	98	99	**100**

②

1	2	3	4	**5**	6	7	8	9	**10**
11	12	13	14	1**5**	16	17	18	19	**20**
21	22	23	24	2**5**	26	27	28	29	**30**
31	32	33	34	3**5**	36	37	38	39	**40**
41	42	43	44	4**5**	46	47	48	49	**50**
51	52	53	54	5**5**	56	57	58	59	**60**
61	62	63	64	6**5**	66	67	68	69	**70**
71	72	73	74	7**5**	76	77	78	79	**80**
81	82	83	84	8**5**	86	87	88	89	**90**
91	92	93	94	9**5**	96	97	98	99	**100**

③

1	2	3	4	**5**	6	7	8	9	**10**
11	12	13	14	1**5**	16	17	18	19	**20**
21	22	23	24	2**5**	26	27	28	29	**30**
31	32	33	34	3**5**	36	37	38	39	**40**
41	42	43	44	4**5**	46	47	48	49	**50**
51	52	53	54	5**5**	56	57	58	59	**60**
61	62	63	64	6**5**	66	67	68	69	**70**
71	72	73	74	7**5**	76	77	78	79	**80**
81	82	83	84	8**5**	86	87	88	89	**90**
91	92	93	94	9**5**	96	97	98	99	**100**

Textaufgaben I – Maße

	einfach
1	Ein Tag und 10 Stunden sind _____ Stunden.
2	Ein Drittel der 6-wöchigen Sommerferien sind _____ Tage.
3	1 Minute und 2 Sekunden sind _____ Sekunden.
4	11 Wochen und 10 Tage sind _____ Tage.
5	6 700 m : 100 m = _____
6	Eine halbe Minute und 7 Sekunden sind _____ Sekunden.
7	128 cm : 20 mm = _____
8	In 9 Stunden sind 2 Tage vergangen. Wieviele Stunden sind schon vorbei? ________

	mittel
9	Ein viertel Meter geteilt durch 5 cm ist _____.
10	Ein halber Meter geteilt durch 2 cm ist _____.
11	5,1 dm : 10 mm = ____________.
12	2 Tage sind _____ Stunden.
13	0,001 km : 2 cm = _________
14	1 060 mm : 20 mm = _________
15	760 cm : 10 cm = _________
16	4 Tage sind _____ Stunden.

	schwierig
17	138 g : 2 g = _____
18	46 000 000 mg : 2 kg = _____
19	0,78 kg : 10 g = _____
20	64 000 g : 2 kg = _____
21	8,4 t : 100 kg = _____
22	73 000 mg : 1 kg = _____
23	4 Wochen sind _____ Tage.
24	0,051 kg : 3 g = _____

1	2	3	4	**5**	6	7	8	9	**10**
11	12	13	14	1**5**	16	17	18	19	**20**
21	22	23	24	2**5**	26	27	28	29	**30**
31	32	33	34	3**5**	36	37	38	39	**40**
41	42	43	44	4**5**	46	47	48	49	**50**
51	52	53	54	5**5**	56	57	58	59	**60**
61	62	63	64	6**5**	66	67	68	69	**70**
71	72	73	74	7**5**	76	77	78	79	**80**
81	82	83	84	8**5**	86	87	88	89	**90**
91	92	93	94	9**5**	96	97	98	99	**100**

Distributivgesetz

①

einfach	mittel	schwierig
(30 – 6) : 3	100 : 5 – 27 : 9	6 · 105 – 6 · 96
25 · 4 – 7	3 · 7 · 4	444 : 4 – 256 : 4
(600 – 40) : 7	(25 – 17) · 3	184 : 2 : 156 : 39
(50 + 4) : 2	7 · 121 : 11	7 · 101 – 7 · 97
(5 – 2) · (9 – 2)	8 · 103 – 8 · 99	22 · 302 – 22 · 299
20 · 5 – 52 : 2	250 : 5 – 3 · 4	101 – 7 · 4
25 · 4 – 8 · 4	99 : 11 · 77 : 11	5 · 205 – 5 · 198
8700 : 87 – 670 : 10	46 : 2 · 96 : 32	13 · 2 · 102 : 34

②

einfach	mittel	schwierig
(–7 + 20) – 3 · 3	(21 – 6 · 9) : (–3)	9 · 9 – (13 – 17)
(–5 + 25) · (64 : 16)	11 · 5 + 11 · 3	–5 · (–6 – 7)
10 · 10 – 36 : 6	3 · 14 – 3 · 8	76 : 4 – (15 – 21)
14 : (3 · 11 – 31)	9 · 18 – 9 · 9	(–7) · (–8) – (–2 + 13)
9 · 8 – (10 – 9)	9 · 9 + 11 – 9	(–9) · (–8) + (–7 + 11)
(–2 · 3 + 8 · 3) + 12	–5 + 12 – 3 · (–2)	7 · 104 – 7 · 96
4 · 13 + 5 · 9	9 · 105 – 9 · 95	36 : 6 · (103 – 97)
(–3 + 10) · 3	10 · 11 – 30 · 3	8 · 8 : (16 : 4)

③

einfach	mittel	schwierig
5 · 9 + 5 · 8	90 : 3 – 1	6 · 48 – 41 · 6
(16 – 10) · 11	4 · 13 + 12 · 4	232 : 4
8 · 8 : (24 :6)	54 · 8 – 45 · 8	9 · 34 – 28 · 9
7 · 81 – 7 · 76	8 · 50 – 8 · 39	92 · 2 : 4
99 · 8 – 8 · 92	13 · 5 – 8 · 8	(7 · 48 – 7 · 42) + 1
104 : 2 : 2	9 · 11 – 88 : 11	236 : 4
100 : 4 · 3	12 · 9 – (33 · 3 – 1)	235 : 5
9 · 42 – 37 · 9	91 : 7	110 · 5 – 5 · 99

①

1	2	3	4	**5**	6	7	8	9	**10**
11	12	13	14	1**5**	16	17	18	19	**20**
21	22	23	24	2**5**	26	27	28	29	**30**
31	32	33	34	3**5**	36	37	38	39	**40**
41	42	43	44	4**5**	46	47	48	49	**50**
51	52	53	54	5**5**	56	57	58	59	**60**
61	62	63	64	6**5**	66	67	68	69	**70**
71	72	73	74	7**5**	76	77	78	79	**80**
81	82	83	84	8**5**	86	87	88	89	**90**
91	92	93	94	9**5**	96	97	98	99	**100**

②

1	2	3	4	**5**	6	7	8	9	**10**
11	12	13	14	1**5**	16	17	18	19	**20**
21	22	23	24	2**5**	26	27	28	29	**30**
31	32	33	34	3**5**	36	37	38	39	**40**
41	42	43	44	4**5**	46	47	48	49	**50**
51	52	53	54	5**5**	56	57	58	59	**60**
61	62	63	64	6**5**	66	67	68	69	**70**
71	72	73	74	7**5**	76	77	78	79	**80**
81	82	83	84	8**5**	86	87	88	89	**90**
91	92	93	94	9**5**	96	97	98	99	**100**

③

1	2	3	4	**5**	6	7	8	9	**10**
11	12	13	14	1**5**	16	17	18	19	**20**
21	22	23	24	2**5**	26	27	28	29	**30**
31	32	33	34	3**5**	36	37	38	39	**40**
41	42	43	44	4**5**	46	47	48	49	**50**
51	52	53	54	5**5**	56	57	58	59	**60**
61	62	63	64	6**5**	66	67	68	69	**70**
71	72	73	74	7**5**	76	77	78	79	**80**
81	82	83	84	8**5**	86	87	88	89	**90**
91	92	93	94	9**5**	96	97	98	99	**100**

Addition und Subtraktion mit negativen Zahlen

①

einfach	mittel	schwierig
−10 + 83	−18 + 36	34 − 158 + 133
−34 + 68	−28 + 100	−13 − 98 + 192
−2 + 30	21 − 42 + 100	16 − 47 + 33
−3 + 70	−13 + 26	−168 + 74 + 184
−23 + 46	11 − 22 + 40	23 − 276 + 264
22 − 44 + 86	23 − 45 + 105	−483 + 575
3 − 6 + 40	12 − 56 + 66	−123 + 288 − 66
12 − 24 + 90	−36 + 148 − 24	49 − 338 + 309

②

einfach	mittel	schwierig
15 − 19 + 40	−12 − 16 + 75	245 − 355 + 128
13 − 26 + 70	9 − 17 + 62	1 088 − 2 000 + 1 000
4 − 20 + 84	−13 − 22 + 70	−3 028 + 3 000 + 100
−35 + 100	44 − 55 + 88	−2 317 + (600 · 4)
−33 − 33 + 99	−14 − 37 + 89	−60 + 30 + 30 + 30 − 1
−27 + 54	29 − 58 + 92	−91 + (4 · 26)
6 − 50 + 88	−68 + 27 +65	−561 + (8 · 80)
−26 + 100	43 + (−96 + 119)	−110 + (6 · 22)

③

einfach	mittel	schwierig
−17 + 34 + 17	72 − 100 + 66	−103 + 153 − 46
−67 + 134	87 − 100 + 75	−87 + 187 − 14
13 − 26 + 50	36 − 100 + 88	−169 + 369 − 148
36 − 72 + 100	−11 + 88	215 − 254 + 79
−70 + 35 + 35 + 35	−48 + 100 − 38	−160 + 290 − 69
−33 + 33 + 33 + 33	18 − 36 + 57	105 − 375 + 285
−46 + 100	13 − 26 + 100	−133 + 333 − 103
7 − 40 + 80	100 − 200 + 300 − 137	−109 + 245 − 87

Lösungen: Addition und Subtraktion mit negativen Zahlen (1)

①

1	2	3	4	**5**	6	7	8	9	**10**
11	12	13	14	1**5**	16	17	18	19	**20**
21	22	23	24	2**5**	26	27	28	29	**30**
31	32	33	34	3**5**	36	37	38	39	**40**
41	42	43	44	4**5**	46	47	48	49	**50**
51	52	53	54	5**5**	56	57	58	59	**60**
61	62	63	64	6**5**	66	67	68	69	**70**
71	72	73	74	7**5**	76	77	78	79	**80**
81	82	83	84	8**5**	86	87	88	89	**90**
91	92	93	94	9**5**	96	97	98	99	**100**

②

1	2	3	4	**5**	6	7	8	9	**10**
11	12	13	14	1**5**	16	17	18	19	**20**
21	22	23	24	2**5**	26	27	28	29	**30**
31	32	33	34	3**5**	36	37	38	39	**40**
41	42	43	44	4**5**	46	47	48	49	**50**
51	52	53	54	5**5**	56	57	58	59	**60**
61	62	63	64	6**5**	66	67	68	69	**70**
71	72	73	74	7**5**	76	77	78	79	**80**
81	82	83	84	8**5**	86	87	88	89	**90**
91	92	93	94	9**5**	96	97	98	99	**100**

③

1	2	3	4	**5**	6	7	8	9	**10**
11	12	13	14	1**5**	16	17	18	19	**20**
21	22	23	24	2**5**	26	27	28	29	**30**
31	32	33	34	3**5**	36	37	38	39	**40**
41	42	43	44	4**5**	46	47	48	49	**50**
51	52	53	54	5**5**	56	57	58	59	**60**
61	62	63	64	6**5**	66	67	68	69	**70**
71	72	73	74	7**5**	76	77	78	79	**80**
81	82	83	84	8**5**	86	87	88	89	**90**
91	92	93	94	9**5**	96	97	98	99	**100**

Negative Zahlen und Klammern

①

einfach	mittel	schwierig
–8 + (+14)	–38 + (+76)	–19 – (–48) + 52
100 + (–5)	–23 – (–100)	–14 + 41 – (+7)
–(+1) + 50	+70 + (–7)	–10 + (–11) + 111
50 + (+2)	+40 – (+11)	+ 9 – 17 + (+100)
–15 – (–30)	–24 + (+48)	–148 – (–100) + 50
+(–4) + 90	–8 – (–80)	–40 + 80 – (+31)
–(+ 9) + (+50)	+90 + (–2)	–30 + (–9) + 50
–(–10) + 50	+50 – (+37)	+111 – 234 + (+222)

②

einfach	mittel	schwierig
–10 – (–30)	100 – (+21)	–47 + (+ 32) – (–30) + 79
100 + (–12)	–22 + (+22) + 22	(–16 + 24) – (+1)
–20 + (+101)	–18 – (–9) + 18 – (–9)	(13 – 31) – (1 – 50)
10 – (+ 8)	166 + (–83)	(9 – 13) – (6 – 80)
–11 – (–40)	–10 + (+20) + 13	–15 + (6 – 24) – (2 – 120)
+90 + (–18)	–12 – (–20) + 8 – (–12)	+23 – (+7) + [42 + (–42)]
–(+7) + (+20)	+150 – (+77)	(4 – 16) – (6 – 60)
200 – (+101)	+156 + (–78)	(–12 + 24) – (–50 + 3)

③

einfach	mittel	schwierig
100 – (–7 + 20)	(–2 + 50) + (–100 + 150)	(66 – 88) + (66 – 22)
80 + (11 – 22)	(–30 + 48) – (–60 + 20)	(–16 + 100) – (–37 + 84)
20 – (6 – 18)	(–13 + 10) + (–24 + 30)	(–67 + 200) + (–99 + 33)
50 + (+30 + 4)	(–50 + 25) – (–200 + 100)	(–50 + 167) – (68 – 34)
20 – (21 – 18)	(–14 + 100) + (7 – 50)	(–32 + 100) + (–68 + 34)
70 + (8 – 16)	(–40 + 100) – (–30 + 60)	(–50 + 200) – (–14 + 100)
50 – (–9 + 20)	(–30 + 1) + (–30 + 130)	(–90 + 8) – (–150 + 50)
0 + (7 + 7)	(–52 + 26) – (–54 + 2)	(–79 + 200) + (–84 + 42)

①

1	2	3	4	5	6	7	8	9	10
11	12	13	14	15	16	17	18	19	20
21	22	23	24	25	26	27	28	29	30
31	32	33	34	35	36	37	38	39	40
41	42	43	44	45	46	47	48	49	50
51	52	53	54	55	56	57	58	59	60
61	62	63	64	65	66	67	68	69	70
71	72	73	74	75	76	77	78	79	80
81	82	83	84	85	86	87	88	89	90
91	92	93	94	95	96	97	98	99	100

②

1	2	3	4	5	6	7	8	9	10
11	12	13	14	15	16	17	18	19	20
21	22	23	24	25	26	27	28	29	30
31	32	33	34	35	36	37	38	39	40
41	42	43	44	45	46	47	48	49	50
51	52	53	54	55	56	57	58	59	60
61	62	63	64	65	66	67	68	69	70
71	72	73	74	75	76	77	78	79	80
81	82	83	84	85	86	87	88	89	90
91	92	93	94	95	96	97	98	99	100

③

1	2	3	4	**5**	6	7	8	9	**10**
11	12	13	14	1**5**	16	17	18	19	**20**
21	22	23	24	2**5**	26	27	28	29	**30**
31	32	33	34	3**5**	36	37	38	39	**40**
41	42	43	44	4**5**	46	47	48	49	**50**
51	52	53	54	5**5**	56	57	58	59	**60**
61	62	63	64	6**5**	66	67	68	69	**70**
71	72	73	74	**75**	76	77	78	79	**80**
81	82	83	84	8**5**	86	87	88	89	**90**
91	92	93	94	9**5**	96	97	98	99	**100**

Potenzen

①

einfach	mittel	schwierig
$7^2 - 6$	$9^2 - 2^3$	$9^2 + 2^3$
$7^2 + 3^2$	$5^2 + 3^1$	$9^2 - 10^1$
$4^2 + 10^1$	$8^2 + 2 \cdot 7$	$(11^2 - 1^2) : 4$
$5^2 \cdot 3$	$4^2 + 2 + 2^2$	$9^2 + 1^9$
$8^2 + 3$	$9^2 + 2^1$	$12^2 - 141$
$6^2 + 1^6$	$6^2 : 2$	$13^2 - 150$
$6^2 - 2^1$	$5^2 - 2^1$	$7^2 \cdot 2^1$
8^2	$9^2 - 2^1$	$18^2 - 312$

②

einfach	mittel	schwierig
$4^2 \cdot 4 - 2$	$14^2 - 110$	$14^2 - 101$
$7^2 - 11^1$	$4^2 - 1^4$	$4^2 + 1^4$
$9^2 + 2^2 + 2^1$	$8^2 - 4^2 - 1^4$	$19^2 - 301$
$5^2 - 11^1$	$6^2 + 4^2$	$7^2 - 2^3$
$6^2 + 3^1$	$6^2 - 1^6$	$14^2 - 190$
$5^2 - 1^5$	7^2	$6^2 - 2^2$
$8^2 - 1^8$	$13^2 - 103$	$13^2 - 10^2$
$9^2 - 2^2$	$8^2 - 10^1$	$12^2 - 60$

③

einfach	mittel	schwierig
7^2	$8^2 - 2^1$	$12^2 - 134$
$9^2 + 5$	$6^2 - 6$	$15^2 - 205$
$7^2 - 6$	$(4^2 - 3) \cdot 3$	$9^2 + 10$
$4^2 + 10$	$10^2 - 2^1$	$12^2 : 72$
$9^2 - 6$	$3^2 + 5$	$13^2 - 168$
$7^2 + 3$	$9^2 + 6$	$14^2 - 96$
$7^2 + 9$	$9^2 - 10$	$9^2 + 6 \cdot 3$
$(7^2 + 11) : 4$	$11^2 - 118$	9^2

①

1	2	3	4	**5**	6	7	8	9	**10**
11	12	13	14	1**5**	16	17	18	19	**20**
21	22	23	24	2**5**	26	27	28	29	**30**
31	32	33	34	3**5**	36	37	38	39	**40**
41	42	43	44	4**5**	46	47	48	49	**50**
51	52	53	54	5**5**	56	57	58	59	**60**
61	62	63	64	6**5**	66	67	68	69	**70**
71	72	73	74	7**5**	76	77	78	79	**80**
81	82	83	84	8**5**	86	87	88	89	**90**
91	92	93	94	9**5**	96	97	98	99	**100**

②

1	2	3	4	**5**	6	7	8	9	**10**
11	12	13	14	1**5**	16	17	18	19	**20**
21	22	23	24	2**5**	26	27	28	29	**30**
31	32	33	34	3**5**	36	37	38	39	**40**
41	42	43	44	4**5**	46	47	48	49	**50**
51	52	53	54	5**5**	56	57	58	59	**60**
61	62	63	64	6**5**	66	67	68	69	**70**
71	72	73	74	7**5**	76	77	78	79	**80**
81	82	83	84	8**5**	86	87	88	89	**90**
91	92	93	94	9**5**	96	97	98	99	**100**

③

1	2	3	4	**5**	6	7	8	9	**10**
11	12	13	14	1**5**	16	17	18	19	**20**
21	22	23	24	2**5**	26	27	28	29	**30**
31	32	33	34	3**5**	36	37	38	39	**40**
41	42	43	44	4**5**	46	47	48	49	**50**
51	52	53	54	5**5**	56	57	58	59	**60**
61	62	63	64	6**5**	66	67	68	69	**70**
71	72	73	74	7**5**	76	77	78	79	**80**
81	82	83	84	8**5**	86	87	88	89	**90**
91	92	93	94	9**5**	96	97	98	99	**100**

Klammern und Potenzen

①

einfach	mittel	schwierig
$150 : [(59 + 7) : 22]$	$8^2 + (-7) \cdot (-2)$	$(-7^2 + 2) \cdot (-1)$
$(96 + 78) : (122 : 61)$	$(-460) : (-2) : 10^1$	$(7 \cdot 40) : 2^3$
$(200 - 14) : (99 : 33)$	$[-(-7)^2 - 2] : (-3)$	$(9^1 + 7) : 8 \cdot (11 \cdot 3)$
$(1\,000 : 4) : (1\,000 : 20)$	$9^2 - (-2) \cdot (-4)$	$(-3^2) \cdot (-6)$
$(4^2 + 1) \cdot (75 : 25)$	$(-5^2 + 2) \cdot (-3)$	$[(4^2 \cdot 100^1) - 100] : 20$
$(39 : 3) \cdot (174 : 58)$	$(-7) \cdot (-4)$	$20 \cdot (5^2 + 1) : (2 \cdot 10)$
$(-56) : (-4)$	$(-6) \cdot (-7) \cdot 2$	$(4^2 + 10^2) : (6^2 - 34)$
$(-4) \cdot (-8) \cdot (-48) : (-16)$	$(-8^2) : (-2)$	$(63 : 9) \cdot (48 : 8) + (8^2 - 63)$

②

einfach	mittel	schwierig
$(12^2 - 8) : 2$	$(-7) \cdot (-4)$	$(-6)^2$
$(-9) \cdot (-7) \cdot 1^8$	$[12^2 + (12^2 - 142)] : 2$	$(-8^2 - 3) \cdot (-1)$
$3^2 \cdot 3$	$(9^2 + 121 : 11) : 4$	$12^2 - 10^2$
$37 \cdot 4 : 2$	$(13^2 - 13) : 2$	$(13^2 - 13 \cdot 3) : 2$
$(200 - 2) : 2 : 3$	$104 : 8$	$6^2 + 1^6$
$(9^2 + 5 \cdot 3) : 4$	$(12^2 - 4) : 4 - 6$	$(-8)^2$
$(11 \cdot 7 - 1) : 2$	$3^2 \cdot 2^3$	$(12^2 - 10 \cdot 3) : 2$
$(15 \cdot 10 + 4) : 2$	$2^3 \cdot 99 : 9$	$6^2 - 2^1$

③

einfach	mittel	schwierig
$(-8) \cdot (-9) : 4$	$7^2 + 3 \cdot 6$	$7^2 - [-4^2 + 4 \cdot 5]$
$9^2 - 99 : 33$	$16 \cdot (-8)^2 : 4^2$	$49\,687 : 958 \cdot 0 + (-6)^2$
$110 : 5$	3^3	$[(9^2 + 7) : 4] \cdot (18 : 9)$
$(-8)^2 + (-3)^2$	$(7^2 + 17) : 2$	$880 : 16$
$140 : 5$	$2^3 + 7^2 + 25 - 8$	$[-(9^2) + (-11)] : (-2)$
$(9^2 + 121 : 11) : 4$	$4^2 + 3 \cdot 6$	$(15^2 + 3) : 2^2$
$9^2 - (14^2 - 194)$	$6^2 + [-(-6) \cdot (-4) + 5^2]$	$520 : 8$
$9^2 + (15^2 - 223)$	$8^2 + [-6^2 + 10 \cdot 4]$	$(+7) \cdot (-8^1) \cdot (-1^8)$

①

1	2	3	4	**5**	6	7	8	9	**10**
11	12	13	14	15	16	17	18	19	**20**
21	22	23	24	25	26	27	28	29	**30**
31	32	33	34	35	36	37	38	39	**40**
41	42	43	44	45	46	47	48	49	**50**
51	52	53	54	55	56	57	58	59	**60**
61	62	63	64	65	66	67	68	69	**70**
71	72	73	74	75	76	77	78	79	**80**
81	82	83	84	85	86	87	88	89	**90**
91	92	93	94	95	96	97	98	99	**100**

②

1	2	3	4	**5**	6	7	8	9	**10**
11	12	13	14	15	16	17	18	19	**20**
21	22	23	24	25	26	27	28	29	**30**
31	32	33	34	35	36	37	38	39	**40**
41	42	43	44	45	46	47	48	49	**50**
51	52	53	54	55	56	57	58	59	**60**
61	62	63	64	65	66	67	68	69	**70**
71	72	73	74	75	76	77	78	79	**80**
81	82	83	84	85	86	87	88	89	**90**
91	92	93	94	95	96	97	98	99	**100**

③

1	2	3	4	**5**	6	7	8	9	**10**
11	12	13	14	1**5**	16	17	18	19	**20**
21	22	23	24	2**5**	26	27	28	29	**30**
31	32	33	34	3**5**	36	37	38	39	**40**
41	42	43	44	4**5**	46	47	48	49	**50**
51	52	53	54	**55**	56	57	58	59	**60**
61	62	63	64	6**5**	66	67	68	69	**70**
71	72	73	74	7**5**	76	77	78	79	**80**
81	82	83	84	8**5**	86	87	88	89	**90**
91	92	93	94	9**5**	96	97	98	99	**100**

Textaufgaben II

	einfach
1	Berechne den 11. Teil von 242.
2	Erhöhe das Quadrat von 9 um 2.
3	Subtrahiere den Unterschied von 12 und 7 vom Produkt dieser Zahlen.
4	Berechne den 4. Teil von 72.
5	Ziehe 7 vom Produkt von 6 und 7 ab.
6	Berechne das Dreifache von 22.
7	Berechne den Unterschied des Produktes aus 12 und 6 und der Summe derselben Zahlen.
8	Halbiere die Summe aus 50 und 44.

	mittel
9	Addiere zum Produkt aus 4 und 6 das Doppelte von 1.
10	Berechne den Quotienten aus dem Quadrat von 10 und dem Quadrat von 2. Verdreifache das Ergebnis.
11	Subtrahiere vom Produkt der Zahlen 7 und 9 ein Zehntel von 50.
12	Berechne die Differenz aus dem Produkt von 8 und 9 und der Summe aus 20 und 9.
13	Dividiere die Summe aus 60 und 3 durch das Quadrat von 3.
14	Subtrahiere das Doppelte von 3 vom Doppelten von 50.
15	Halbiere die Differenz aus dem Quadrat von 9 und der Zahl 19.
16	Verdopple das Produkt aus 5 und 7.

	schwierig
17	Welche Zahl muss ich zum Quadrat nehmen, um 256 zu erhalten?
18	Berechne das Produkt aus 12 und 6 und addiere es zur Summe aus diesen Zahlen.
19	Gesucht ist die kleinste Primzahl, bei der Zehner und Einer gleich sind.
20	Ziehe das Dreifache von 5 vom Quadrat von 10 ab.
21	Gesucht ist die kleinste ungerade Quadratzahl, die größer als 1 ist.
22	Erhöhe das Quadrat von 9 um 11.
23	Suche den Vorgänger des Sechsfachen von 10.
24	Halbiere das Produkt der Zahlen 7 und 12.

1	2	3	4	**5**	6	7	8	9	**10**
11	12	13	14	1**5**	16	17	18	19	**20**
21	22	23	24	2**5**	26	27	28	29	**30**
31	32	33	34	3**5**	36	37	38	39	**40**
41	42	43	44	4**5**	46	47	48	49	**50**
51	52	53	54	5**5**	56	57	58	59	**60**
61	62	63	64	6**5**	66	67	68	69	**70**
71	72	73	74	7**5**	76	77	78	79	**80**
81	82	83	84	8**5**	86	87	88	89	**90**
91	92	93	94	9**5**	96	97	98	99	**100**